# ANALISI DEL LIBRO

AF131988

# Ulisse

• • • • • • • • • • • • • •

James Joyce

# ANALISI DEL LIBRO

Scritto da Éléonore Quinaux
Tradotto da Sara Rossi

## Ulisse

JAMES JOYCE

# JAMES JOYCE

## POETA E ROMANZIERE IRLANDESE

- **Nato a Dublino (Irlanda) nel 1882**
- **Morto a Zurigo (Svizzera) nel 1941**
- **Opere degne di nota:**
  - *Musica da camera* (1907), raccolta di poesie
  - *Ritratto dell'artista da giovane* (1916), romanzo
  - *Finnegans Wake* (1939), romanzo

James Joyce proveniva da una famiglia numerosa ed ebbe un'educazione gesuita prima di rifiutare il cattolicesimo all'età di 16 anni. In seguito, sviluppò un modo di pensare simile a quello di Tommaso d'Aquino (sacerdote italiano, 1225-1274). Trascorse la maggior parte della sua vita in esilio per prendere le distanze dall'Irlanda, di cui detestava l'immobilismo e le divisioni religiose e con cui non riuscì mai a identificarsi.

Inizialmente in giro tra Parigi e Dublino, fu in Svizzera – dove insegnò alla Berlitz School – e in Italia che Joyce trovò rifugio con Nora Barnacle (1884-1951), la sua compagna. Dal 1906 fu colpito da una malattia agli occhi che lo rese gradualmente cieco.

Sebbene fosse ammirato da molte grandi figure della letteratura internazionale, Joyce si arrangiava solo grazie alle donazioni dei suoi rari ammiratori. Negli anni Venti visitò Marcel Proust (scrittore francese, 1871-1922) a Parigi e fece amicizia con Samuel Beckett (scrittore irlandese, 1906-1989). Sapendo di essere vicino alla fine della sua vita, nel 1940 tornò a Zurigo, dove morì qualche tempo dopo. Vera e propria stranezza letteraria, fu incompreso e poco letto ai suoi tempi.

# *ULISSE*

## UN'UMILE EPOPEA

- **Genere:** romanzo multigenere
- **Edizione di riferimento:** Joyce, J. (2000) *Ulysses*. Londra: Penguin
- **Prima edizione:** 1922
- **Temi:** Dublino, società, relazioni romantiche, sessualità, vagabondaggio, identità, miti

*L'Ulisse è* apparso come serie sulla rivista americana *The Little Review* tra il 1918 e il 1920, poi come libro nel 1922. Il titolo informa immediatamente l'autore del legame tra questo romanzo e l'*Odissea*, la famosa epopea del poeta greco Omero (VIII secolo a.C.). La storia si svolge nell'arco di una giornata a Dublino ed è incentrata su due personaggi: Stephen Dedalus, alter ego dell'autore, che incarna un nuovo Telemaco, e Leopold Bloom, agente pubblicitario, nuovo Ulisse, la cui ricerca consiste nel riconquistare l'amore della moglie infedele, Molly.

Il racconto, considerato osceno dai contemporanei di Joyce, fu vietato negli Stati Uniti fino al 1931, anche se Hemingway (scrittore americano, 1899-1961) ne fece circolare diversi volumi. Grazie alla sua ricchezza narrativa, oggi lo consideriamo un'opera importante del XX secolo.

# SINTESI

Nell'*Ulisse*, gli eventi si svolgono dalle otto del mattino fino alle tre circa del giorno successivo. Sebbene questo riassunto mantenga la temporalità stabilita dal racconto, tuttavia mette a confronto le azioni principali di Leopold Bloom e Stephen Dedalus, che sono raccontate in parti diverse del romanzo. Gli sviluppi inaspettati della storia e la sua struttura in tre parti – "La Telemachia", "L'Odissea" e "Il Nostos" – richiamano direttamente l'*Odissea* di Omero e i personaggi di Telemaco e Odisseo. Per comprendere il significato simbolico qui presente, il lettore troverà, per ogni protagonista che rappresenta l'alter ego di un personaggio chiave dell'opera greca, il suo nome tra parentesi.

 **BUONO A SAPERSI**

L'*Odissea*, scritta dopo l'*Iliade*, è un'antica epopea attribuita al poeta greco Omero e risalente all'VIII secolo a.C. Il suo protagonista principale è Odisseo (Ulisse in latino), re di Itaca. Dopo aver combattuto nella guerra di Troia, vuole tornare a casa per raggiungere la moglie Penelope e il figlio Telemaco.

Il suo viaggio di ritorno verso quelle terre durerà però dieci anni, durante i quali verrà dirottato da un'isola all'altra e incontrerà figure mitologiche ancora oggi conosciute. Mentre vaga, Telemaco fa di tutto per ritrovare suo padre e per ostacolare la folla di pretendenti che vogliono sposare sua madre solo per rubarle il trono. Per farlo, chiederà consiglio a Nestore – uno dei pochissimi compagni di Ulisse che è tornato a casa senza problemi – e a Menelao, il re di Sparta.

Odisseo impiega tanti anni per tornare a casa perché è soggetto alla vendetta del dio Poseidone dopo aver ferito suo figlio Polifemo. In particolare, viene tenuto prigioniero d'amore dalla ninfa marina Calipso per sette anni. Quando riceve l'ordine dagli dei di liberare Ulisse, obbedisce. Poseidone crea allora una tempesta che fa sì che l'eroe si bagni sulle coste di Scheria. Lì incontra Nausicaa, figlia del re Alcinoo. Odisseo le racconta la sua sfortuna: l'aiuto ricevuto invano da Eolo, l'incontro con la maga Circe che ha trasformato i suoi compagni in maiali, il canto maligno delle Sirene e Calipso.

I Feaci sono commossi e accettano di aiutare Odisseo riportandolo a Itaca. Quando viene a conoscenza delle trame dei pretendenti di Penelope, Odisseo deve trovare una strategia: con l'aiuto di Atena si traveste da mendicante e chiede aiuto al suo fedele porcaro, Eumeo. Durante la prova finale che deciderà chi sarà il nuovo marito di Penelope, Odisseo riesce a sfoderare il suo arco leggendario e uccide Antinoo, il capo dei pretendenti. Rivela così la sua vera identità.

## UNA RICERCA IN ERBA

Nella baia di Dublino, Stephen Dedalus (Telemaco) e Buck Mulligan (Antinoo) vivono nella torre Martello di Sandycove. Le loro discussioni mattutine ruotano attorno a due questioni:

- Buck, pur essendo un libero pensatore, rimprovera a Stephen di non essersi recato al capezzale della madre morente per pregare;

- Stephen si lamenta di Haines (Eurymachus), un inglese che vive nella stanza vicina e urla tutta la notte.

Dopo la colazione, segnata dalla sosta di un lattaio, ognuno di loro dichiara le proprie attività: Buck vuole fare una nuotata in mare, Stephen deve andare alla scuola dove insegna, mentre Haines sceglie di andare alla biblioteca nazionale.

Proprio in quel momento, Leopold Bloom (Odisseo/Ulisse) decide di preparare la colazione per sé e per la moglie Molly (Penelope) ma, preso da un'improvvisa voglia di reni, va dal macellaio a comprarli. Quando torna, trova due lettere nella cassetta della posta, una della figlia e l'altra di un uomo che sa essere l'amante della moglie, Blazes Boylan. La moglie è infatti continuamente assente e gli è infedele. Quanto a Bloom, è spesso solo e costantemente tormentato da desideri sessuali che non trovano soddisfazione. Dopo aver discusso con la moglie sul significato di "metempsicosi" (reincarnazione dell'anima dopo la morte), parte per una passeggiata attraverso Dublino, per raggiungere il funerale del suo vicino.

## DUBLINO IL LABIRINTO

Quando Stephen finisce la sua lezione di storia, il preside Deasy (Nestor), un vecchio antisemita, lo convoca nel suo ufficio per pagarlo. Sapendo che il giovane insegnante è anche uno scrittore e quindi in contatto con gli editori, Deasy ne approfitta chiedendogli di pubblicare il suo articolo sull'afta epizootica.

Alla stessa ora (le dieci), Bloom si reca all'ufficio postale per ritirare una lettera di Martha, con la quale ha un legame sentimentale, anche se non l'ha mai incontrata e lei lo conosce solo con lo pseudonimo di "Henry Flower". Il messaggio che riceve lo eccita e continua il suo viaggio con la testa piena di pensieri lussuriosi. Coglie la fine di una messa, che lo manda a dormire come al solito, poi va in farmacia, dove si verifica un equivoco: Bloom incontra Bantam Lyons che vuole prendere in prestito il suo giornale per leggere le scommesse sulle corse dei cavalli. I due uomini si fraintendono: Bloom sta parlando di buttare via il suo giornale, mentre Lyons pensa di ricevere una mancia per le scommesse (uno dei cavalli si chiama Throwaway). Prima di andare al funerale, Leopold si reca in alcuni bagni pubblici e si masturba, per scaricare tutta la tensione sessuale che ha sopportato durante il viaggio.

Alle undici del mattino, sulla spiaggia di Sandymount, Stephen è depresso e pensa ai suoi successivi fallimenti: l'abbandono della laurea in medicina a Parigi, il fallimento come scrittore e l'essere costretto a diventare insegnante. Si sente giù di morale per la sua fortuna, perché pensa che la libertà intellettuale vada di pari passo con la solitudine. Per Bloom è arrivato il momento di recarsi al cimitero di Glasnevin. Il gruppo che vi si riunisce gli ricorda i suoi dolori: la morte del figlio Rudy e il suicidio del padre. Tra i presenti c'è uno sconosciuto che indossa un macintosh impermeabile, che lo incuriosisce profondamente.

A mezzogiorno le strade dei due protagonisti si incrociano: si recano nella sala stampa di un giornale locale, il *Freeman's Journal*. Bloom vuole rinnovare una pubblicità per uno dei suoi clienti. Il direttore, Myles Crawford (Eolo), la riceve. Stephen è venuto a pubblicare l'articolo del signor Deasy. Pur trovandosi brevemente insieme nella stessa stanza, i due uomini non conversano direttamente.

Bloom ha fame e, dopo aver incontrato diversi conoscenti, decide di andare a mangiare a Burton. Ma una volta lì, il sovraffollamento, i fetori e le bocche piene di cibo lo respingono. Cambia idea e va da Davy Burne. Ma la forma del bar gli ricorda un corpo femminile e improvvisamente inizia a chiedersi se le statue abbiano l'ano. Per trovare la risposta, si reca alla biblioteca nazionale dove Stephen sta tenendo una conferenza su William Shakespeare (scrittore inglese, 1564-1616) e sulla figura paterna nell'*Amleto* (1601).

Tutti lasciano la biblioteca. Dopo aver incontrato molti dei personaggi descritti nei 19 sketch (che dimostrano come gli eventi della vita quotidiana non abbiano un reale impatto sulla trama), Bloom pranza verso le 16:00 all'hotel Ormond con lo zio di Stephen Dedalus, Richie Goulding (Menelaus). Le cameriere (le Sirene) lo prendono in giro e preferiscono flirtare con Boylan, che se ne va poco dopo per incontrare Molly. Mentre alcune persone, come Simon Dedalus, il padre di Stephen, siedono intorno al pianoforte e cantano, Bloom scrive una lettera a Martha.

## NEBBIA, ALLUCINAZIONI E RINASCITA

Alle diciassette, Leopold Bloom deve incontrare un amico, Martin Cunningham, alla taverna di Barney Kiernan. Quando entra nel pub, diverse persone stanno discutendo, tra cui il "Cittadino" (Polifemo). Bloom viene invitato al tavolo di quest'uomo, la cui personalità è radicalmente diversa dalla sua. È un nazionalista aggressivo, mentre il protagonista incarna la dolcezza e la tolleranza. Venendo a conoscenza dei consigli che ha dato a Lyons per le scommesse, tutti i presenti pensano che Leopold abbia vinto una grossa somma di denaro alle corse dei cavalli. Tuttavia, egli non compra il suo giro, suscitando il loro odio. Notando la loro rabbia, Bloom decide di lasciare il locale con Cunningham una volta arrivato, mentre gli vengono gridati dietro insulti antisemiti.

Sulla spiaggia, Gerty MacDowell (Nausicaa) – nipote del Cittadino – sogna come avrebbe potuto essere la sua vita. Improvvisamente, si accorge di essere osservata da un uomo anziano vestito di scuro: si tratta di Leopold. Quando viene fatto esplodere un fuoco d'artificio, distraendo così tutti i presenti sulla spiaggia, la ragazza si alza la gonna in modo che Bloom possa godere di ciò che c'è sotto. Lui si eccita e si masturba davanti a lei. Pensando al desiderio femminile e poi alle mestruazioni, decide di andare all'ospedale materno per vedere la signora Purefoy, che sta per partorire. C'è una gran folla, compreso Stephen, che festeggia mentre la futura madre piange.

A mezzanotte, in Mabbot Street, Bloom – che ha seguito Stephen e il suo amico Lynch, entrambi ubriachi – si aggira nel quartiere a luci rosse. Improvvisamente, inizia ad avere allucinazioni che gli ricordano tutte le sue colpe, i suoi desideri inappropriati o i suoi sensi di colpa nei confronti dei suoi cari. Passando vicino al bordello di Bella Cohen (Circe), sente Stephen suonare il pianoforte. La melodia solleva Bloom dalla sonnolenza ed egli entra in casa per raggiungere i due amici. Ma le sue allucinazioni ricominciano dopo la proposta della prostituta Zoe Higgins: si immagina come un re-presidente, poi come un imperatore-presidente che riformerebbe l'intero paese e sarebbe considerato un Messia. La prostituta lo risveglia dall'incubo e gli spiega il significato nascosto delle linee sulla sua mano, mentre Stephen tiene una lezione sull'apocalisse. Strane visioni si impadroniscono dei due uomini: Bloom vede suo nonno che indossa un macintosh e Stephen vede sua madre morta che lo implora di pentirsi. Gridando *"Non serviam"* ("Non servirò", uno dei detti di Satana), il professore si mette a rompere tutto ciò che c'è nel locale prima di fuggire. Bloom paga i danni. Stephen viene violentemente attaccato dai soldati britannici e crolla in mezzo alla strada, prima che Bloom si assuma la responsabilità per lui. Quest'ultimo ha poi un'ultima visione del figlio morto.

Bloom porta il suo amico al rifugio dei tassisti, un locale di proprietà di Skin-the-Goat Fitzharris (Eumaeus), che riteniamo essere un ex terrorista. Dopo diverse discussioni sull'esistenza di Dio, l'uomo mostra a Stephen una foto della moglie e lo invita a bere una tazza di cioccolata a casa sua. Così, alle due di notte, bevono la loro cioccolata calda e discutono di vari argomenti, come l'Irlanda, Israele o i loro amici comuni. Leopold si offre di ospitarlo per la notte, ma Stephen rifiuta. Terminano la loro conversazione in giardino, guardando la finestra illuminata della camera di Molly, poi Bloom accompagna Stephen in strada e i due amici si separano definitivamente.

Ora è solo, Bloom riflette sull'infedeltà di Molly, ma continua a negarla, non ritenendola responsabile, nonostante sappia che è infedele. Va a letto, sdraiato accanto alla moglie, che gli chiede della sua giornata. È stanco e alla fine si addormenta. Molly, ancora sveglia, si perde nei suoi pensieri e inizia un monologo altamente osceno in cui sembra presentarsi come terreno fertile. Ride degli uomini, dei loro desideri perversi e dei suoi amanti. Emette un'ondata di urina nel vaso da notte, che rappresenta il suo flusso di parole, e si rende conto di avere le mestruazioni: inizia un nuovo ciclo. Ripensa alla proposta di matrimonio di Bloom e al "sì" che gli ha dato: un "sì" alla vita, all'intero universo a cui deve arrendersi.

# STUDIO DEL CARATTERE

Nell'*Ulisse*, troviamo molti personaggi sparsi per le strade di Dublino che, soprattutto, permettono a Leopold e Stephen di evolversi. Abbiamo quindi scelto di concentrarci sui principali artefici di questa evoluzione. È stata inserita anche una nota sull'uomo con il macintosh, poiché questo personaggio solleva molti interrogativi nella critica o nei commenti all'opera di Joyce. Abbiamo quindi ritenuto importante prestare attenzione alle sue caratteristiche.

## STEPHEN DEDALUS (TELEMACO)

Stephen Dedalus sembra essere l'immagine sputata dell'autore, la cui descrizione completa è riportata in un precedente romanzo di James Joyce, *Ritratto dell'artista da giovane*. Dopo un'educazione gesuita, il protagonista inizia a rifiutare sempre più la religione, passando da cattolico romano ad agnostico. Mentre avrebbe dovuto continuare a studiare medicina a Parigi, all'inizio dell'*Ulisse* apprendiamo che è tornato a Dublino a causa della madre morente. La sua opposizione al cattolicesimo lo porta a rifiutare di recitare le preghiere al suo capezzale. Questo evento lo perseguita in seguito, poiché l'amore materno è uno dei suoi valori principali. Sogna di diventare un grande scrittore, ma sente di aver perso la sua occasione e sopravvive grazie al suo lavoro di insegnante in una scuola privata, presieduta dal signor Deasy.

Fisicamente, sappiamo che è gracile e miope. In compenso, ha un talento per la musica e un'ottima voce – un talento che aveva anche Joyce. Stephen si comporta sempre in modo inadeguato nei confronti degli altri: non ama i gruppi, non riesce a integrarsi nei vari ambienti in cui si sviluppa e non accetta nessuna parte della sua educazione. È sempre tormentato da indecisioni, desideri e rimpianti, non ha fiducia in se stesso, si abbatte e soffre di solitudine. È anche una persona calma, istruita, brava a discutere e con un acuto senso di compassione, soprattutto nei confronti dei suoi studenti meno dotati. A differenza di Bloom, non ha un impulso sessuale particolarmente forte, anche se pensa alla nudità femminile. Preferisce essere circondato da personaggi maschili forti, come Buck Mulligan.

Sebbene all'inizio della storia Stephen sembri un personaggio sospettoso, arrogante e brusco, attento solo alle idee e alla ricerca dell'eccellenza in ogni campo, diventa sempre più umano dopo il suo fallimento a Parigi e soprattutto grazie all'incontro con Bloom. Accanto a lui, capisce che l'intelletto non è nulla se non lo si condivide e che il senso della vita sta nelle relazioni con gli altri. Leopold gli permette di liberarsi del suo ego smisurato e di tornare a una vita semplice.

Il suo nome allude all'architetto del mito del Minotauro. Dedalo progettò il labirinto su ordine di Minosse, con l'intento di intrappolare il mostro al suo interno. Nell'*Ulisse*, Stephen Dedalus si sente prigioniero di un altro labirinto: quello di Dublino, che odia per la sua gente stagnante, ubriaca e incapace di liberarsi dalla dominazione inglese.

I primi tre capitoli, "La Telemachia", si concentrano su questo protagonista. Stephen rappresenta la fuga, dalla città come dalla propria stagnazione e incertezza. Egli interpreta il ruolo di Telemaco, figlio di Ulisse nella versione di Omero: più giovane di Leopold Bloom (Ulisse), lo vede come una figura paterna, che compensa l'assenza del padre biologico. La torre in cui vive rappresenta Itaca e i suoi due rivali, Buck e Haines, simboleggiano i pretendenti di Penelope. Così come Ulisse impiega del tempo per riconquistare il suo regno e ritrovare suo figlio, il lettore deve aspettare diversi capitoli prima che Stephen e Leopold si incontrino e intraprendano una vera relazione nei vicoli ubriachi di Dublino.

## LEOPOLD BLOOM (ULISSE)

Il personaggio di Leopold Bloom appare nella seconda parte del romanzo, "L'Odissea", ed è l'incarnazione moderna di Ulisse. Nato nel 1866, è l'unico figlio di Ellen Higgins, protestante irlandese, e Rudolph Virag, ebreo di origine ungherese convertitosi al protestantesimo. È nevrastenico (soffre di fragilità mentale e fisica) e il padre finisce per uccidersi con del veleno. Dopo la morte del padre, Leopold decide di convertirsi al cattolicesimo per poter sposare nel 1888 Marion Tweedy (Molly), una cantante che è costantemente in tournée in tutta l'Irlanda e accumula amanti – tra cui il bel cantante Boylan. Dal matrimonio di Molly e Leopold nascono due figli: Millicent (1889), soprannominata Milly, che ha quindici anni e lavora per un fotografo, e Rudy (1893), che vive solo undici giorni. Per far fronte alle esigenze della famiglia, Leopold lavora come agente pubblicitario per l'*Evening Telegraph*.

Bloom viene descritto come un uomo semplice, borghese e dal carattere discreto (quando non è sotto l'effetto dell'alcol). È benevolo, tollerante e molto innamorato della moglie, con la quale però non ha più rapporti sessuali. Questa situazione lo porta a provare molte pulsioni nel corso del romanzo, senza mai riuscire ad agire – se non da solo.

Il suo personaggio sembra quasi una figura cristologica per i suoi numerosi atti di gentilezza: aiuta un amico – senza volerlo – a vincere una notevole somma di denaro alle corse dei cavalli, soccorre un cieco, dà da mangiare agli animali, visita i malati, partecipa a un funerale, ecc. Paradossalmente, assume anche un lato comico a causa della sua goffaggine, delle sue idee strampalate (controllare, ad esempio, se le statue antiche hanno orifizi), dei suoi errori durante il rito cattolico, ecc. C'è anche il suo attaccamento agli escrementi: molti passaggi terminano con una scoreggia, un'orinazione o con la riflessione sul suono di Molly sul vaso da notte.

## MALACHI MULLIGAN, DETTO "BUCK" (ANTINOO)

Malachi Mulligan, studente di medicina, condivide la camera da letto di Stephen Dedalus nella torre Martello. Questo personaggio maestoso, anche se grassoccio, ha una personalità profondamente cinica e si definisce un libero pensatore, il che gli permette di bestemmiare continuamente. Si diverte anche a infilare nel suo discorso varie citazioni di poesie, come quelle di Algernon Swinburne (poeta inglese, 1837-1909) e Walt Whitman (poeta americano, 1819-1892), o estratti di canzoni popolari. È piuttosto gioviale, spensierato e non ha molte preoccupazioni; come estroverso è l'esatto contrario del carattere chiuso di Stephen. È appassionato di antichità e della filosofia di Nietzsche (filosofo tedesco, 1844-1900) e il suo sogno è quello di ellenizzare l'Irlanda (avvicinare la sua cultura a quella dell'antica Grecia). L'esposizione permanente di questa cultura mostra l'orgoglio di Buck, che ricorda lo stesso tratto visto nel principale pretendente di Penelope, Antinoo.

Mulligan, che rappresenta una forma di bestialità, è tuttavia benvoluto da tutti gli altri personaggi del romanzo, tranne che da Stephen. Quest'ultimo, pur vivendo con Mulligan e vedendolo tutti i giorni, ritiene che sia un bruto e condanna il suo comportamento e le sue convinzioni. Tuttavia, Mulligan ha già salvato diverse persone dall'annegamento e tratta Stephen con generosità, offrendogli dei vestiti.

Joyce, quando creò Buck, si ispirò a un suo coetaneo con cui aveva condiviso il dormitorio del collegio Clongowes Wood College: Oliver Sint-John Gogarty (1878-1957), anch'egli romanziere e poeta. I due ragazzi litigavano spesso, proprio come Stephen e Buck, e Gogarty, inoltre, non si trattenne dal criticare l'*Ulisse* dopo la sua pubblicazione.

## MARION TWEEDY (PENELOPE)

Meglio conosciuta con il soprannome di Molly, Marion Tweedy è la moglie di Leopold Bloom. Rappresenta Penelope. Molly, però, non si comporta come la moglie amorevole che attende pazientemente il ritorno del marito. Qui i ruoli si invertono: quando Leopold vaga per le strade di Dublino, è perché aspetta che la moglie torni da lui. Molly è una cantante famosa e costantemente in tournée con altri del mestiere; si rivela infedele al marito e gli preferisce un certo Blazes Boylan, un cantante descritto come un adone.

Il personaggio di Molly è rimasto famoso per l'episodio del romanzo: il monologo, privo di punteggiatura, che Molly recita in una sorta di sospiro, vicino a un orgasmo, e sul quale si conclude la storia. Viene presentata come molto più sensuale e fisicamente desiderabile sia di Leopold che di Stephen, che si muovono più nella sfera intellettuale. Nel corso del monologo, Molly accetta infine Leopold nel suo letto – proprio come Ulisse che, ricongiuntosi a Penelope, viene restituito alla sua cara Itaca – e descrive il momento del loro incontro in un racconto interrotto periodicamente dalla parola "sì", alludendo al piacere che prova nel ricongiungersi al marito.

Nel creare questo personaggio, Joyce si è ispirato alla moglie Nora Barnacle. Inoltre, la data di inizio del racconto, il 16 giugno 1904, coincide con il primo appuntamento dello scrittore con la moglie.

## L'UOMO DEL MACINTOSH

Questo personaggio senza nome appare solo due volte nel romanzo: la prima durante la sepoltura e la seconda sotto le sembianze del nonno di Leopold Bloom. Nessuno ha mai visto questa persona prima d'ora e tutti ignorano il motivo della sua presenza. Quando Bloom lo nota, scopre che ha l'aspetto di un diavolo.

Alcuni critici ritengono che, nell'Ulisse, potremmo in un certo senso vedere Leopold Bloom come Gesù, Stephen come lo

Spirito Santo e l'uomo con il macintosh come Dio stesso. Il suo lungo cappotto, che copre tutto il corpo, mostra solo il volto di Dio. La sua prima apparizione al cimitero sembra logica, poiché sarebbe venuto a cercare l'anima del defunto. Bloom, chiedendosi chi sia questo "M'Intosh", pone così la domanda a tutta l'umanità: "Chi è Dio?".

Il cappotto che lo nasconde e le sue apparizioni inaspettate e non descritte rimandano al ritiro di Dio dalla sua creazione: è presente e assente allo stesso tempo. Mentre Leopold Bloom vaga da un bar all'altro e finisce nel bordello di Bella Cohen, Lipoti Virag, suo nonno, gli appare come un fantasma e indossa lo stesso macintosh: anche se non è lo stesso uomo del cimitero, è ancora una volta la personificazione di Dio stesso. Vediamo un altro macintosh su un personaggio dei diciannove schizzi di vita quotidiana, Cashel Boyle O'Connor Fitzmaurice Tisdall Farrell. Ancora una volta, non si tratta dello stesso uomo, ma il fatto che questo cappotto torni su personaggi diversi dimostra l'onnipresenza di Dio, che si disperde tra la moltitudine.

# ANALISI

Joyce, attraverso il vagabondaggio di Bloom, conferisce all'Irlanda un carattere mitico. La vita quotidiana contiene una sorta di mitologia che tutti possono percepire. Dietro ogni oggetto e ogni incontro c'è un significato nascosto. I mortali possono solo cercare di decifrare ciò che li circonda, per conoscere se stessi e capire il mondo. Il vagare per Dublino rappresenta quello di ogni uomo che cerca di trovare se stesso nella società.

Ogni episodio corrisponde a un nuovo ingresso del mitico, dell'organico e del religioso o spirituale nella vita quotidiana.

## ALLUSIONI ALL'ODISSEA DI OMERO

In primo luogo, il titolo di *Ulisse* stabilisce un legame diretto tra l'epopea omerica e l'opera di Joyce. Mentre nella storia di Omero il viaggio è centrale, in quella di Joyce il vagabondaggio ha una virtù intrinseca ed è legato alla ricerca di una figura paterna. Stephen (Telemaco) è alla ricerca di una vera figura paterna, oltre a quella del padre biologico – non dimentichiamo che questo personaggio è anche il doppio letterario di Joyce, che non era in buoni rapporti con il proprio padre alcolizzato, che si occupava a malapena della famiglia. La struttura del romanzo ricorda anche quella tripartita dell'*Odissea* di Omero.

## Prima parte: "La Telemachia"

Nella storia greca, questa parte è dedicata alla figura di Telemaco. La storia inizia quando suo padre, Odisseo, è scomparso da vent'anni e sua madre, Penelope, è stanca di rifiutare le proposte di matrimonio dei numerosi pretendenti che si sono trasferiti a palazzo. Su consiglio della dea Atena, Telemaco lascia Itaca per andare alla ricerca di Odisseo. Durante questo viaggio, incontra il re Nestore e si reca da Menelao a Sparta.

Mentre la Telemachia contiene quattro versi nella versione di Omero, è composta da tre episodi nella versione di Joyce.

- Fin dall'inizio del romanzo, Buck Mulligan e Haines sono rappresentati in una luce negativa e sono un riferimento diretto a due dei pretendenti di Penelope. Buck rappresenta il violento, orgoglioso e brutale Antinoo, mentre Haines rappresenta Eurymachus, che si rivela un flirtatore e un manipolatore. Anche il modo in cui il primo difende la madre di Stephen, morta da poco, sembra sospetto, perché non è in linea con i suoi pensieri abituali. Anche il secondo sembra dubbioso, ma questa volta nei confronti della madrepatria: infatti, quale irlandese non disprezzerebbe un invasore inglese che esalta incessantemente la storia, il folklore e la società dell'Irlanda mentre l'Inghilterra fa di tutto per proibirli? Il latte portato dalla vecchia segnala la sua imminente partenza; essa simboleggia Atena che esorta Telemaco a intraprendere il suo viaggio.

- Quando lascia la torre, Stephen (Telemaco) ha un incontro con il signor Deasy, che è il sosia di Nestor.

- Poi, quando Stephen si perde nei suoi pensieri sulla spiaggia di Sandymount, immagina di discutere con suo zio, Richie Goulding, un riferimento a Menelao, sulla sua situazione e su quella del mondo.

## Seconda parte: "L'Odissea"

Dal quarto episodio in poi, la vita di Leopold Bloom è in primo piano ed entriamo quindi nel viaggio di Odisseo. Questa parte corrisponde a dieci anni di vagabondaggio da parte dell'eroe greco dalla città di Troia alla sua patria, Itaca. Nell'opera di Omero, il racconto di queste avventure occupa sedici versi, mentre nell'opera di Joyce è composto da dodici episodi.

- Viene fatto un paragone tra Molly, la moglie infedele, e il dipinto di una ninfa appeso sopra il letto della coppia Bloom. Questo paragone ricorda Calipso, la ninfa innamorata di Odisseo. Così come imprigiona Odisseo con l'obiettivo di sposarlo, Molly intrappola Bloom nei suoi desideri, lasciandolo costantemente solo a Dublino.

- Quando Leopoldo va a messa, è circondato da persone che dimenticano le loro preoccupazioni e la loro ribellione alla propria esistenza quando fanno la comunione e consumano l'ostia – proprio come il potere dei fiori di loto sui compagni di Ulisse.

- La scena della sepoltura è legata alle capacità divine di Tiresia. Nell'*Odissea*, questo personaggio può evocare i morti. Egli permette quindi a Odisseo di parlare con gli abitanti dell'inferno. Per Joyce, la presenza dell'uomo nel macintosh è legata alla vita oltre la morte.

- La visita al giornale locale si riferisce direttamente all'episodio di Eolo, il guardiano del vento, che consegna a Odisseo un sacco di pelle di capra per riportarlo sano e salvo a Itaca. I compagni dell'eroe, convinti che il sacco contenga un tesoro, lo aprono. Eolo, furioso, si rifiuta di aiutarli due volte. Nell'opera di Joyce, il guardiano è rappresentato da Myles Crawford, il direttore del giornale che, pur essendo inizialmente gentile con Bloom, gli si rivolta improvvisamente contro senza alcuna ragione evidente, proprio come un vento contrario.

- Il ristorante Burton rappresenta la dimora dei Laestrygoniani. I giganti cannibali di Omero figurano tra i clienti del locale, che disgustano Bloom con le loro enormi bocche, che masticano e schiacciano incessantemente vari cibi.

- La tesi su Shakespeare, difesa da Stephen alla biblioteca nazionale e ascoltata da un Bloom distratto, ricorda l'episodio di Cariddi e Scilla, due mostri marini. Stephen spiega così che lo scrittore inglese aveva due facce: da un lato, si ritraeva in una luce favorevole e sembrava un piacevole gentiluomo quando si trovava a Londra; dall'altro, non poteva mai essere veramente felice, poiché era ancora devastato dai disastri familiari.

- Le sirene sono presenti sotto forma di cameriere dalla lingua tagliente nel ristorante dell'hotel Ormond. Il Cittadino, di mentalità ristretta, nazionalista, lento e maldisposto, rappresenta il ciclope Polifemo che Odisseo acceca.

- L'episodio erotico tra Bloom e Gerty MacDowell ricorda il salvataggio di Odisseo da parte di Nausicaa dopo il naufragio.

- Bella Cohen, la proprietaria del bordello, non è altro che la maga Circe. Quando incontrano lei e le altre prostitute, Leopold e Stephen sviluppano idee lascive, che ricordano la trasformazione dei compagni di Ulisse in maiali. Inoltre, le diverse voci e gli estratti di musica che si sentono coinvolgono gli uomini, che perdono il contatto con la realtà e sono attanagliati da allucinazioni terrificanti.

## Parte terza: "Il Nostos"

Infine, gli ultimi tre episodi del romanzo ricordano l'eventuale ritorno di Odisseo a Itaca.

- La prima parte riguarda il ricongiungimento di Odisseo e Telemaco, che non ha ancora riconosciuto il padre, in quanto travestito da Eumeo, il suo porcaro. Nella versione di Joyce, Bloom, che non vuole lasciare Stephen solo e sperduto, lo prende sotto la sua ala e lo conduce al rifugio del tassista, di proprietà di James Fitzharris, che rappresenta Eumeo.

- Bloom, una volta tornato a casa, pensa agli amanti di Molly. Questo, però, non gli impedisce di amare la moglie e di restare al suo fianco. Così come Odisseo decide di svuotare il suo palazzo da tutti i pretendenti di Penelope, Bloom utilizza mentalmente la stessa tattica mettendo da parte l'elenco delle conquiste della moglie.

- Infine, il monologo di Molly chiude l'epopea: proprio come Penelope, lascia da parte gli amanti a favore del marito Leopold. Si rifiuta di seguire la stessa storia monotona e irrispettosa nei confronti del povero uomo e dice "sì" alla vita. Questo discorso può essere collegato anche alla difesa di Odisseo da parte di Atena nei confronti del suo popolo che non capisce perché abbia ucciso così tante persone (i vili pretendenti di Penelope).

## UNA COLLEZIONE GENERICA E ORGANICA

Joyce è in costante ricerca letteraria: vuole innovare a tutti i costi. L'*Ulisse* è un modo per dimostrare che, poiché la situazione di Dublino – che egli critica nel suo primo romanzo, *Dubliners* (1914) – non permette di innovare dal punto di vista del contenuto, deve cercare la novità altrove. Non esiste quindi una caratteristica generale di questo romanzo, ma un *tour de force* polimorfico di scrittura: ogni episodio è creato nello stile di un genere particolare. Il lettore passa quindi dalla tecnica "peristaltica" al monologo, alla dialettica o a qualcos'altro.

 **BUONO A SAPERSI**

L'aggettivo "peristaltico" indica principalmente la progressione del cibo durante la digestione, dalla sua ingestione fino all'arrivo nel retto. Per essere completamente digerito, il cibo si muove con l'aiuto di contrazioni muscolari. Riflettendo questo processo, Joyce ha uno stile di scrittura organico che passa dalla contrazione al rilassamento.

Così, nell'episodio che si svolge principalmente nel bar di Davy Byrne alle 13.00, i movimenti, i pensieri e le parole di Leopold Bloom imitano il comportamento del suo esofago: cammina, ha fame, è attratto dagli odori della cucina e, passando davanti alle ragazze, è anche animato da impulsi erotici che titillano i suoi sensi. Le contrazioni dello stomaco aumentano perché non è riuscito a soddisfare l'appetito o a bere un bicchiere di vino. Una volta fatto e soddisfatto, esce per urinare e va a soddisfare i suoi impulsi erotici visitando il museo per verificare la presenza o meno dell'ano sulle statue greche.

La sua fonte di sperimentazione è quindi il genere. Joyce si è dato l'obiettivo di pubblicare un'opera mutevole che si chiama romanzo e ha il fascino di un romanzo, ma le cui diverse sezioni sono costruite con una struttura narrativa così varia che l'opera non può essere definita un romanzo nella sua interezza. Così, nella sua ricerca stilistica, Joyce pone l'accento sulla parodia, prendendo l'epica omerica e inserendola in un contesto di taverne e altre volgarità. Utilizza quindi diversi processi narrativi:

- narrazione classica, presente in particolare nei primi tre episodi legati a Stephen ("Buck Mulligan, maestoso e grassoccio, veniva dalla tromba delle scale, portando una ciotola di schiuma su cui giacevano incrociati uno specchio e un rasoio", p. 9);

- le risposte teatrali accompagnate da indicazioni sceniche. Le troviamo, ad esempio, nell'episodio dedicato alle allucinazioni di Bloom e Stephen per le strade di Dublino:

> *"FLORRY: cantaci qualcosa. La vecchia e dolce canzone dell'amore.*
>
> *Non ho voce. Sono un artista finito. Lynch, ti ho mostrato la lettera sul liuto?*
>
> *L'uccello che può cantare e non canta" (p. 761)*

- la poesia in prosa, come illustra il monologo di Molly ("O quel terribile torrente profondo O e il mare il mare cremisi a volte come il fuoco", p. 1156);

- la scrittura giornalistica, quasi da cronaca, dei diciannove sketch;

- ecc.

Niente è uniforme e ogni episodio ha il suo genere e il suo stile.

Questi cambiamenti stilistici seguono il desiderio di concentrarsi su un particolare organo del corpo umano. Sebbene "La Telemachia" non ne abbia uno (poiché Stephen è ancora alla ricerca di esperienze sensoriali), gli episodi successivi sono tutti legati a un organo diverso:

- la scena della masturbazione nei bagni e la rappresentazione diretta dei genitali;

- Gerty mostra a Bloom quello che c'è sotto la gonna, il che segnala il dominio degli occhi e della vista. La maggior parte dell'eccitazione di Leopold deriva da questo senso;

- l'assembramento negli uffici del giornale che sospira, espira e sputa i gherigli, attività relative ai polmoni;

- l'assoluta razionalizzazione dei testi di Shakespeare mostrata da Stephen utilizza il prezioso intelletto del cervello;

- le orecchie e l'udito sono utilizzati nelle scene musicali all'hotel Ormond;

- gli schizzi della quarta parte, che raggiungono il culmine, sviluppano le fasi del parto della signora Purefoy e fanno quindi riferimento all'utero;

- ecc.

# INTERTESTUALITÀ

Questa diversità di scrittura, che copre tutti i generi e tutti gli organi e cita molti autori, come John Milton (poeta inglese, 1608-1674), Charles Dickens (romanziere inglese, 1812-1870) o Laurence Sterne (romanziere irlandese, 1713-1768), mostra anche una relazione tra gli scritti del quasi cieco Joyce e dell'ipovedente Jorge Luis Borges (1899-1986). Sulla base delle sue letture di Joyce, tra gli altri, e di una tecnica narrativa comune, l'autore argentino sostiene una pratica illimitata di citazione. E in effetti, prendendo il nome del poeta dell'antichità greca, reso celebre dalla narrazione omerica, Joyce si immerge immediatamente in questa citazione illimitata, quella di un mito, quella dei personaggi che hanno popolato la sua immaginazione e il patrimonio culturale comune, che, dice, affonda le sue radici nell'antichità.

Ma l'irlandese va ben oltre le teorie sviluppate da Borges qualche decennio dopo. Mentre nell'opera di quest'ultimo le citazioni sono chiaramente indicate, in particolare con la presenza di virgolette, Joyce le integra completamente nel suo testo, senza alcun segno di punteggiatura che indichi un prestito da un altro autore. Egli vuole infatti che, attraverso il processo di intertestualità, la sua storia tenda alla stessa universalità presentata dai miti, quella di ogni storia costitutiva della cultura umana. Il suo testo è stato creato da uno scrittore – James Joyce – ma, attraverso i riferimenti ad altre importanti componenti del patrimonio letterario e culturale condiviso dall'umanità, vuole essere universale.

L'autore dell'*Ulisse* trae quindi ispirazione dal suo bagaglio culturale, dalla sua "biblioteca" interna, che raccoglie tutte le sue letture di articoli, saggi e romanzi vari. Da questi riferimenti, Joyce crea un testo che ha una forma più ampia, rispetto alle vecchie conoscenze letterarie. Coglie, consapevolmente o meno, le caratteristiche dei personaggi inventati da altri scrittori e si ispira per produrre qualcosa di nuovo ai miti o a una frase di un libro che ha letto.

 ## LO SAPEVATE?

Questa ricerca di novità attraverso il reinvestimento dell'universalità viene ulteriormente esplorata nel libro successivo, *Finnegans Wake*, in cui Joyce persegue l'universalità del linguaggio, del vivere e dei libri. In effetti, ogni termine ha tre significati possibili e contemporaneamente presenti. Ad esempio, la parola "since" si riferisce alle nozioni di tempo, peccato e sensi allo stesso tempo.

## EPIFANIE

Joyce, attraverso un particolare procedimento stilistico da lui stesso ideato, rivela ai suoi lettori che un fatto apparentemente insignificante può rivelare un episodio spirituale o specifico di un personaggio. Egli chiama questa tecnica narrativa "epifania".

 ## BUONO A SAPERSI

Il termine "epifania" ha diversi significati.

- Nell'antichità greca, indica una divinità che appare ai mortali. Il suo splendore spesso causa la morte o la cecità degli spettatori.

- Nell'antichità romana segna la fine del ciclo del solstizio d'inverno. È la notte più lunga dell'anno e rappresenta il trionfo della luce sul buio.

- Nel cristianesimo, l'Epifania è una festa che commemora la nascita di Cristo e la visita dei Re Magi. Questa rivelazione della venuta del Messia segna la fine di una stagione spiritualmente cupa, sostituita da un periodo illuminato dalla Parola divina.

- Per estensione, la parola può riferirsi a una rivelazione sorprendente della profondità di qualcosa.

Per mostrare i significati nascosti della vita quotidiana, usa spesso le ellissi. L'esitazione e la natura disinvolta del testo indicano al lettore che dietro l'apparenza insignificante delle parole si nasconde qualcos'altro.

Così come la natura stessa di Gesù si rivela solo ad alcuni, gli oggetti e il mondo rivelano il loro vero significato solo in piccole tracce che dobbiamo discernere. Se le epifanie di Joyce non sono eventi religiosi, derivano dallo stesso concetto di rivelazione: illuminano la vita quotidiana nella sua costante perdita di significato.

Questa sensibilità appare nei dialoghi senza grandi conseguenze sull'azione: "Una delle caratteristiche delle epifanie è che sono costituite da frasi del tutto banali, spesso interrotte. Queste frasi interrotte non hanno un senso compiuto e quindi producono un effetto nonsense" (Cassini, 2010). Le epifanie possono verificarsi anche nel linguaggio, negli atteggiamenti o nelle azioni dei personaggi, senza che questi se ne rendano conto. Il significato nascosto viene quindi percepito solo dal lettore.

Questa rivelazione, a volte percepita dal personaggio joyciano, a volte avvertita solo dal lettore, non è lontana dai fenomeni di manifestazione, come la famosa madeleine di Proust in *Swann's Way* (1913) o l'irregolarità di alcune pietre del selciato in *The Past Recaptured* (1927), che immerge il narratore nei suoi ricordi. Egli si distacca improvvisamente dalla realtà per assorbire il potere degli oggetti e avere accesso ad altri significati che altrimenti non avrebbe visto.

Mentre le epifanie di Joyce nascono e si sviluppano principalmente in *Ritratto dell'artista da giovane* e in *Gente di Dublino*, in *Ulisse* si ritrovano attraverso collegamenti scatologici che potrebbero passare per pura maleducazione o per dettagli banali: si pensi, ad esempio, al rumore dell'urina di Molly che cade nel suo vaso da notte e che fa eco alla musica che si sente nell'albergo. Le forti scoregge di Bloom all'uscita da una taverna implicano, da parte loro, un legame tra elementi naturali e persone nel corso della narrazione. Le epifanie in questo romanzo sono presentate attraverso i suoni emessi dai personaggi. Per Joyce, che divenne sempre più cieco, non sono le cose che vediamo a contare, ma i suoni che ci circondano, indipendentemente dalla loro natura.

Questo nuovo concetto di scrittura è concepito ancora di più in quanto l'autore, nel corso della sua vita, percepisce il mondo alla maniera di Claude Monet (pittore francese, 1840-1926) e delle sue ninfee, con fasci di luce sempre più rari, mentre la sua condizione oculare si aggrava. Certo, questo sistema di rivelazione attraverso emozioni proprie del soggetto che considera un particolare oggetto non è praticato solo da Joyce, ma è stato l'ideatore del concetto.

# ULTERIORI RIFLESSIONI

## ALCUNE DOMANDE SU CUI RIFLETTERE...

- Confrontate i personaggi di Omero, Odisseo e Telemaco, con quelli di Leopold Bloom e Stephen Dedalus. Quali sono le loro principali somiglianze e differenze? Utilizzate esempi tratti dal testo.

- Descrivete l'evoluzione di Stephen Dedalus nell'*Ulisse*, considerando anche alcuni estratti da *Ritratto dell'artista da giovane.*

- Fornite esempi di altri adattamenti del mito di Ulisse. In che modo le altre opere affrontano questo tema?

- Come può essere valorizzata la banalità? Sostenete la vostra risposta con esempi tratti dal testo.

- Alcuni critici sostengono che gli episodi di questo romanzo possono essere paragonati alle diverse parti di una massa. Fornite degli esempi a sostegno di questa teoria.

- Descrivete le diverse tecniche narrative utilizzate da Joyce nei vari capitoli della sua opera. Influenzano il significato del testo?

- Quali elementi del testo dimostrano che Joyce era fortemente contrario alla dominazione britannica sull'Irlanda?

- Descrivete le analogie tra l'*Ulisse* e la vita di Joyce.

- Quali legami possiamo stabilire tra questo libro e la *Divina Commedia* di Dante (scrittore italiano, 1265-1321)?

- Che ruolo ha la tesi di Stephen Dedalus su *Amleto* in questo romanzo?

# ULTERIORI LETTURE

## EDIZIONE DI RIFERIMENTO

Joyce, J. (2000) *Ulisse*. Londra: Penguin.

## STUDI DI RIFERIMENTO

Cassini, D. (2010) L'esperienza di James Joyce. *Oxymoron*. [Online]. Numero 0. [Accessed 14 August 2015]. Disponibile da: < http://revel.unice.fr/oxymoron/index.html?id=3070>

De Souza, E. M. (1998) La poétique de la cécité chez Borges. *Variaciones Borges*. Numero 6.

Joyce, J. (2000) *Finnegans Wake*. Londra: Penguin Classics.

Joyce, J. (2000) *Dubliners*. Londra: Penguin Classics.

Sobreira, R. (2013) Et soudain tout est devenu clair pour lui. La presa di coscienza espressa dall'epifania letteraria. *Revista Tabuleiro de Letras*. Numero 7.

Tuduri, C. (2008) Une lecture de James Joyce. L'écriture, l'exil, l'alliance. *Études*. Vol. 409, p. 514.

*Vogliamo sapere da voi!*
*Lasciate un commento sulla vostra biblioteca online*
*e condividete i vostri libri preferiti sui social media!*

www.50minutes.com

Master ISBN: 9782808689915
ISBN cartaceo: 9782808611312
Deposito legale: D/2023/12603/1411

Copertura: © Primento

*Concezione digitale a cura di Primento, il partner digitale degli editori.*